MARIN MON CŒUR

OUVRAGES D'EUGÈNE SAVITZKAYA

MENTIR, *roman, 1977*
UN JEUNE HOMME TROP GROS, *roman, 1978*
LA TRAVERSÉE DE L'AFRIQUE, *roman, 1979*
LA DISPARITION DE MAMAN, *roman, 1982*
LES MORTS SENTENT BON, *roman, 1984*
BUFO BUFO BUFO, *poèmes, 1986*
SANG DE CHIEN, *roman, 1989*
LA FOLIE ORIGINELLE, *théâtre, 1991*
MARIN MON CŒUR, *roman, 1992* ("double", n° 67)
EN VIE, *roman, 1995*
COCHON FARCI, *poèmes, 1996*
CÉLÉBRATION D'UN MARIAGE IMPROBABLE ET ILLIMITÉ, *2002*
EXQUISE LOUISE, *roman, 2003*
FOU TROP POLI, *roman, 2005*

Chez d'autres éditeurs

LES LIEUX DE LA DOULEUR, LPJ, 1972
LE CŒUR DE SCHISTE, At. de l'Agneau, 1974
RUE OBSCURE, *poèmes,* avec Jacques Izoard, Atelier de l'Agneau, 1975
MONGOLIE, PLAINE SALE, *poèmes,* Seghers, *1976*
LES COULEURS DE BOUCHERIE, *poèmes,* Christian Bourgois, *1980*
QUATORZE CATACLYSMES, *avec des dessins d'Alain Le Bras,* Le Temps qu'il fait, *1985*
CAPOLICAN, UN SECRET DE FABRICATION, *récit,* Arcane 17, *1987*
L'ÉTÉ : PAPILLONS, ORTIE, CITRONS ET MOUCHES, La Cécilia, *1991*
PORTRAIT DE FAMILLE, *Tropismes, 1992*
JÉRÔME BOSCH, *Musées secrets,* Flohic Éditions, *1994*
LES RÈGLES DE SOLITUDE, *avec une version en allemand de Gisela Febel,* Éditions Solitude, *1997*
SAPERLOTTE ! Jérôme Bosch, Flohic, *1997*
FOU CIVIL, Flohic Éditions, *1999*
AUX PRISES AVEC LA VIE, Éditions Le Fram, *2002*
TECHNIQUE TECTONIQUE, *en compagnie de Nicolas Kozakis*, Yellow now, *2003*
CÉNOTAPHE, Atelier de l'Agneau, *2003*
MAMOUZE, Atelier de l'Agneau, *2005*
NOUBA, Yellow now, *2007*
LE LAIT DE L'ÂNESSE, Didier Devillez Éditeur, 2008

EUGÈNE SAVITZKAYA

MARIN
MON CŒUR

LES ÉDITIONS DE MINUIT

www.leseditionsdeminuit.fr

ISBN : 978-2-7073-2127-5

Roman en mille chapitres dont les neuf dixièmes sont perdus

Nous avons coutume ici d'accueillir des enfants, c'est-à-dire de les mettre au monde comme ailleurs on capture des éléphants sauvages. Ceux qui capturent les éléphants sauvages afin de se les approprier se doivent de développer une argumentation suffisamment forte pour convaincre l'éléphant que sa vie en captivité sera mille fois plus belle que celle qu'il aurait pu vivre à l'état naturel. Cette argumentation prenait chez les Thaï la forme d'un poème forcément long car bourré de mensonges et le poème prenait forcément l'allure d'un chant vantant les richesses et les beautés de la maison d'accueil. Au moins, il y avait un chant pour les recevoir. Les enfants que nous avons toujours appelés avec des mots doux viennent au monde la nuit ou le jour et nous suivent sans que nous devions leur promettre quoi que ce soit. En vérité, il n'y a ni chant ni promesse aucune mais, au contraire, une sorte de supercherie du silence, supercherie dont nous aussi nous avons été et sommes dupes pour l'éternité. Alors, chantons et promettons avant qu'il ne soit trop tard pour parler, même si aux mots se mêlent bon nombre de mensonges et, par là, vérifions nos fondations avant qu'elles ne se désagrègent.

D'abord est la mer dans laquelle le sel est présent comme il est présent dans tes yeux, la mer lointaine et très proche. Lointaine car elle est répandue sur toute la sphère terrestre et proche car elle tombe près de toi jusqu'à te poisser les cheveux qui deviennent comme de la laine de mouton à cause de la buée de la mer. Il est possible de marcher sur l'eau de la mer juste à la lisière des vagues, sur l'eau durcie par le sable et faire ainsi d'infinis périples sans éprouver le besoin de consulter la moindre carte ni de demander son chemin. Cependant, tu devras la chercher méthodiquement en ne te fiant ni à ta vue, ni à ton odorat, ni même à ton ouïe, car, bien que vaste à l'infini et composée d'une multitude de vagues fougueuses et hurlantes, son vacarme se disperse dans l'immensité et ne se font entendre que les vagues qui touchent la dureté de la terre. Ainsi, il arrive de rencontrer la mer au détour d'une rue ou derrière une porte et qu'elle sente la luzerne. D'aucuns prétendent qu'elle n'existe pas. De toute manière, lorsqu'on est dessus ou dedans, on le sent qu'elle mouille et qu'elle écume. La terre n'est pas trop dure et même parfois trop molle, si friable qu'elle se tasse, se craquelle et s'effondre à tout bout de champ. Le sel est présent dans la terre comme il est présent dans ton sang. Elle est sable, gravier et pourrissement des choses. Le temps la façonne, l'écrase, la disperse et la fertilise. D'aucuns prétendent qu'elle n'existe qu'en fonction du temps qui l'a confectionnée et qui en est à la fois le père, la mère, l'amant et l'enfant, et qu'en dehors de lui elle n'est pas. Mais lorsqu'on est dessus ou dedans, on le sent qu'elle tourne, déroulant ses fougères et semant ses mousses. L'éblouissante lumière du feu nous éclaire et nous cuit, nous rendant chaque jour plus semblables aux pierres, car il semblerait que chaque jour nous allions autant en arrière qu'en avant. Chaque jour, notre vie compte un jour en plus. Chaque jour, notre vie compte un jour en moins. Donc la lumière a le pouvoir d'annuler les êtres vivants autant que d'en éclairer la face et les mouvements, irisant la buée qui sort des bouches ouvertes. Il n'est possible de la nier que le temps de ses très régulières disparitions. Lorsqu'on se trouve en pleine lumière, on le sait. La musique peut se propager la nuit comme le jour, dans la terre et dans l'air, et même dans l'eau. Mais la bouche ne peut chanter que dans l'air et plus tu t'éloignes de la bouche qui chante et moins tu perçois les sons que l'air disperse. Et lorsque la poussière qui monte de la terre sèche te nuira, il te suffira d'éternuer. C'est l'un des nombreux plaisirs qui ont été octroyés aux mammifères terrestres et marins.

La première fois que je le vis, il n'avait pas encore expiré, il était pâle et bleu comme après un effort surhumain, une grande frayeur ou un chagrin ; il serrait dans les poings, malgré sa fatigue, la moiteur vitale ; il avait l'étrangeté de l'axolotl en dépit de sa forme indéniablement familière. On me dit qu'il avait résolument, pour se frayer un passage vers la lumière, refusé de regarder vers le sol, que, résolument, il avait renversé sa tête en direction de la lumière elle-même, vers le ciel. Quelques secondes après il expirait, c'est-à-dire qu'il faisait de la place dans son corps pour accueillir l'air souverain.

D'abord, il fut sans larmes et ses pleurs étaient secs comme ceux d'un chat mais, alors que lui avait quitté le bain originel, ses yeux,

eux, y trempaient toujours et ils roulèrent d'un pôle à l'autre suivant les mouvements des géants et des grains de poussière réfléchissant le soleil. L'if secoua ses aiguilles et ses fruits. Les noisetiers secouèrent leur pollen. Et la poussière devint plus dense et plus fine. Les grandes quantités de papier qu'enfermaient les armoires commencèrent à se désagréger et d'énormes volutes de farine grise obstruèrent le soleil lui-même. Alors Marin se révolta. Il éternua cinq ou sept fois dans la direction des nuages et les larmes vinrent qu'il put goûter à loisir et le goût des larmes éveilla sa mémoire et le premier chagrin. Ce premier bain de larmes fut immédiatement suivi par une dizaine d'autres et la lumière redevint limpide du sérum qui la baigna.

C'est alors que, ouvrant enfin le poing, il esquissa le signe qui devait le rendre solidaire des principaux éléments du monde. L'index était dirigé vers la lumière. Le majeur et l'annulaire formaient les ciseaux capables de découper l'air lui-même. Le petit doigt, auriculaire ou aurifère pointé, négligemment en apparence, vers les secousses du plancher, indiquait son origine. Le pouce légèrement replié prouvait que la main était encore intacte. L'index comme sémaphore. Le médius et l'annulaire comme lames taillant la lumière. L'auriculaire en goutte de sang ou de mercure et le pouce en vigilant ergot.

Ouvrant alors la bouche, il s'exclama à l'aide de la première voyelle qu'articula sa bouche sauvage devant laquelle la luette mimait avec rigidité une langue agile.

Presque immédiatement, il attrapa le biberon qui passait à proximité et le téta avidement, montrant à ceux qui étaient présents qu'il avait déjà appris ce qui était strictement nécessaire et qu'il était au courant des coutumes.

Aussitôt, il tomba endormi et dormit longuement les poings fermés, descendant palier par palier jusqu'au fond du puits. Désormais, il dormait à sa guise, n'importe où, ne se réveillant qu'au son des sonneries. Ainsi, dormant, il apprit à dormir et il recourut souvent à la très simple solution de fermer les yeux.

Il aime les gazouillis et les grelots. Est-ce le tintement des grelots du traîneau rouge qui glissait entre les buissons de houx et les bouleaux ? En ce temps-là, le houx portait un nombre incroyable de fruits. En ce temps-là, les fruits du houx étaient rouges, plus rouges que des brûlots et les bouleaux, laiteux de lait gris. Les moutons portent des grelots afin qu'on puisse les retrouver dans le brouillard des montagnes. Les chevaux portent des grelots afin de rythmer leur course. Les chiens portent leurs grelots à contrecœur. Le grelot des vélocipèdes ne sert à rien et les oiseaux gazouillent dans le silence.

Il ne mange pas de chair crue. Il ne s'intéresse pas au vin mais simplement aux récipients qui le contiennent et à ses couleurs. Il dort uniquement sur le ventre, comme une tortue sous sa carapace. Il mord les livres. Il ne sent pas l'ail, ni l'oignon, ni la sueur rance. Il craint le poivre. Il n'est pas poilu. Ses talons ne sont pas rugueux. Ses cheveux sont intacts. On ne voit pas ses os. Ses orteils ne puent pas. Rien ne le surprend. Il n'aime pas le vacarme. Il ne hait personne et personne ne le hait.

Puisque aucun butoir ne la retient, sa langue sort au grand jour et déploie sa couleur qui colore la lumière. Sans la langue de Marin, la lumière coule comme un lait gris et disparaît dans l'obscurité sans laisser de trace. Sa langue montre que, sous l'enveloppe, il y a la couleur opiniâtre du feu.

Avec les ongles, ses ongles encore intimement liés à ses nerfs, il s'égratigne le visage, cherchant à saisir une once de ce qui lui couvre la face. Un voile adhère à sa peau et sèche. Ce n'est pas une enveloppe qu'il veut toucher mais bien la véritable consistance de celui qui regarde et qu'il est toujours étonné de ne pas rencontrer lorsqu'il pivote brusquement sur lui-même. S'il n'est pas derrière lui, il doit bien sûr être à l'intérieur, sous l'enveloppe et y demeurer toujours, bien au chaud et à l'abri de la poussière et du vent sec.

La bave sort d'une fontaine qui semble heureusement intarissable, car le monde est tellement sec qu'il faut sans cesse tout humecter. La bave coule sur son plastron qu'elle lave et amidonne et sur ses vêtements qu'elle rend plus souples et plus doux, lustrés comme la fourrure des loutres, huilés comme le plumage des paons et fumants comme la robe des chevaux. Elle redonne au bois du plancher sa couleur d'origine, en souligne les méandres et en accentue les courbes de niveau. Elle lie le sable le plus fin en fondant ses grains, fertilise la terre en réunissant les fragments du terreau et en mélangeant les ferments. Il n'existe pas de meilleur mortier que celui à la composition duquel il aura donné un peu de son suc secret d'hirondelle. La bave fait briller et nourrit ce qui commençait à ternir. Son odeur sans pareille et ses nombreuses vertus attirent à la ronde fourmis manquant de sucre, papillons affaiblis, limaces blessées par le sel, abeilles d'une saison sans fleurs et chats avides. Elle désaltère mieux qu'aucune autre substance, car elle contient en justes quantités du sel, du soufre et du nectar. Elle enchaîne en un seul fil tous les objets, les englue et les rend visibles ou invisibles à sa guise.

Lorsqu'il pleure, son chagrin semble probant et inextinguible. Il n'y a que les chats qui pleurent aussi longtemps et aussi fort. Les mouettes n'ont aucune persévérance et les vanneaux aucune puissance. Seuls les pleurs du chat valent ceux de Marin. Si les pleurs de l'un et de l'autre se font entendre avec une telle détermination, c'est que le jeu doit en valoir la peine. Mais seuls les pleurs de Marin, réellement probants, émeuvent, attristent et rendent fou.

Habituellement, le hoquet se déclare dès la première heure du jour, dès l'ouverture de la journée. Marin est aux prises avec un problème d'air : le roi de l'air, dans les entrailles du nain, est prisonnier et cela lui en coûte. Entré dans le corps de l'enfant à la faveur de la nuit quand les machines étaient au repos, il doit maintenant subir l'obstruction de la glotte, marteau agissant pour le compte du diaphragme, indépendant, lui. À chaque effort du roi qui proteste, le nain pince son diaphragme, qui transmet l'ordre au marteau. Cela lui apprend à ne pas entrer dans la bouche d'un enfant qui dort, à ne pas se croire tout permis et surtout à ne pas abuser de son droit de libre circulation.

Contre le cœur de la géante dont les cheveux se mêlent aux siens, s'il y laisse tombée sa tête, c'est qu'au cou elle ne tient. Contre le cœur de la géante, s'il y laisse tombée sa tête, c'est que du parfum se souvient.

Il lui suffirait de l'aspirer tranquillement en tournant légèrement la tête pour boire toute l'eau de son bain dans laquelle flottent ses cheveux, ses bras et ses jambes. Ainsi, il se retrouverait sur le sec, manchot, cul-de-jatte et chauve. À n'importe quel moment et dans le lieu de son choix, il pourrait recracher toute l'eau pour se remettre à flot et devenir enfin le prodigieux dauphin bondissant et riant.

Ce jour, deux ou trois janvier, le géant a déshabillé le nain et l'a plongé dans l'eau tiède afin de le soumettre aux différents principes aquatiques. Mais les réactions du nain ne furent pas les réactions attendues. Au contact de l'eau, sa bouche s'ouvrit, montrant que l'eau lui était aussi familière que l'air. Au contact de l'eau, il renversa la tête afin de regarder le ciel sous le meilleur angle possible, de bas en haut, montrant qu'il connaissait cette couche bien mieux que son lit. Puis il se retourna sur le ventre et, approchant ses lèvres de la surface, il passa dans l'autre élément aussi aisément qu'on enjambe une clôture de deux centimètres de hauteur.

Le goût de la terre le changerait du goût du lait et de ses relents de lait caillé. Le lait reproche toujours au buveur de l'avoir avalé, car il est terriblement obstiné, toujours hargneux et imprévisible comme une levure, alors que la terre abondante et fragile ne demande qu'à être remuée, pétrie, dévorée, digérée et dispersée. Elle ne procure que la satisfaction d'être ingurgitée. Une question essentielle : quel goût a la terre ?

À deux heures, aucun bruit, pas un souffle. À trois heures, rien qui bouge. Nous écoutons toujours mais n'entendons rien. À quatre heures, toujours rien. Il se serait étouffé sous l'édredon. Il aurait réussi à sortir de sa cage et à rejoindre le jardin par le chemin le plus court. Mais à cinq heures la chambre est envahie de déclics, de murmures et bientôt il recommence à chanter, clairement claironne.

C'est alors qu'il leva enfin la tête et se tint sur les coudes comme un sphinx, comptant les multiples horizons qui se présentaient soudain à sa vue. La ligne de la plinthe était à présent au-dessous de ses yeux. La bordure de la fenêtre étincelait au soleil. Au-dessus de la cime des pins il y avait les toits et au-dessus des toits il voyait la crête des nuages bas au-dessus desquels une terre d'un bleu sombre soulignait une crête montagneuse plus lointaine et floue. Le premier horizon s'étirait à l'ombre, dans la poussière. Le deuxième portait les traces de la lumière dorée et rouge. Devant le troisième horizon, sur l'un des nombreux horizons intermédiaires, des oiseaux noirs et blancs étaient perchés. Le quatrième horizon était hérissé d'aiguilles. Le cinquième était boursouflé de fumée. Le sixième, peint à l'eau et le septième, vaporeux.

La cloque du téteur dure bien plus que deux étés. Elle persiste comme la preuve tangible qu'aucune nourriture n'est obtenue sans effort. Le plus économe des nains vide jusqu'à la dernière goutte ce qui lui est dû. Le moins économe ne laisse que trois gouttes de ce qui lui revient.

À la première bouchée de chair de poisson, il fit la grimace et son sourcil droit se leva. Ne lui déposait-on pas sur la langue un morceau de lui-même, une saveur par trop familière ou si légère qu'il ne parvenait pas à la distinguer du goût de sa bouche ? N'est-ce pas là une sorte de première farce, la première d'une longue série à venir ? Mais il décida de manger et mangea le poisson comme s'il avait ingurgité de minuscules fragments de feuilles mortes, des pétales de rose, du verre en paillettes, des miettes de papier. On lui aurait donné comme nourriture ses propres lobes d'oreille, ses joues en fines lanières, des copeaux de son nez et ses lèvres, il les eût avalés de la même manière et se fût séparé du plus précieux de lui-même avec cet air de montrer qu'il n'était pas dupe mais qu'il avait décidé d'aller jusqu'au bout de la plaisanterie en parfaite connaissance de cause, simplement curieux des effets qui n'allaient pas tarder à se faire sentir.

Tout passera par sa bouche, Marin s'en fait le serment. Il devra d'abord digérer le monde avec sa salive afin de le rendre visible et limpide. Il devra d'abord réduire en pâte le papier bruissant et sec, faire fondre les surfaces métalliques, émietter les feuilles, les fleurs et le pain, attendrir le bois. Ne sera vivant que ce qui aura été oint. Ne germeront que les graines qui auront séjourné sous sa langue. Ne bourgeonneront que les rameaux qu'il aura sucés. Ne mûriront que les fruits qu'il aura émaillés de son suc.

Qui pourrait reconnaître infailliblement ses pleurs parmi d'autres pleurs semblables ? Qui pourrait distinguer son rire perdu parmi les rires de ses semblables ? Qui pourrait reconnaître l'empreinte de son pied au milieu de quelques dizaines d'empreintes du même format ? Qui pourrait reconnaître son oreille droite perdue dans un panier d'oreilles du même format ?

Qui a hypnotisé Marin ? Est-ce le serpent à sonnettes, le cobra, le boa ou l'anaconda constricteur ? Ou le chant monocorde d'un plumeur de coqs ? Il a accepté de lâcher la tétine, il a desserré ses mâchoires et il est tombé dans le puits en essayant de se retenir aux bras qui l'y portaient.

Quand Marin a-t-il goûté le riz pour la première fois ? Quelqu'un pourrait-il me le dire ? Mais Marin n'est pas bengali, alors le premier riz aurait-il une importance dans sa vie ? Cependant, malgré tout devrais-je dire,

Marin est quand même un peu bengali (cher éléphant sauvage) et le premier riz compte dans sa vie. Aussi faudrait-il se souvenir du jour où le premier grain de riz se coinça dans l'une de ses fosses nasales et lui rendre un nom de plus : Goutte de sang ou Le Disparate. Le premier riz se prend à l'âge où un bon nombre de dents sont là pour aider la langue à faire le tri et le compte des grains à avaler. Le premier riz rendit Marin de si bonne humeur qu'il fit le compte à l'envers, expédiant les grains hors de sa bouche un par un, deux par deux, trois par trois...

Le doux Chinois fait du pousse-pousse dans la carriole légère. Il fait chaud au soleil et froid sous les arbres (mars ou avril ?). Son pousseur le pousse sous les pins et autour des fontaines qui débordent. Le doux Chinois ne se retourne ostensiblement que sur les bruits de l'eau et les cris de ses semblables et attend que se rapprochent les statues du bout de l'allée. Les grands arbres disparaissent dès que l'on s'en approche, les branches s'écartent et s'élancent vers le ciel, les oiseaux fuient, l'air traversé lui frôle les joues et le front. Parfois le soleil est devant et l'éblouit. Parfois il est derrière et il lui chauffe la nuque. Parfois le soleil n'est nulle part et le doux Marin chinois doit courir sur ses traces. Ici, la fontaine. Ici, la statue du jeune bouquetin. Là, les fûts de la pinède. Où est le carrousel ?

Ce soir-là, en été, Marin a résisté bien plus longtemps que de coutume aux pouvoirs de l'hypnotiseur. La berceuse courante n'a eu aucun effet sur lui. Il l'a écoutée sans se lasser, levant les sourcils à chaque reprise et se réjouissant chaque fois autant au cinquième vers (ha, ha, ha, deux petits chats). Le chant monocorde que l'hypnotiseur a alors entonné de plus en plus fort et de plus en plus rauque, faisant bourdonner la chambre, comme un chant fondamental, n'a pas donné le résultat escompté. Marin, collant son oreille sur la poitrine du chanteur, juste sous la clavicule, s'est laissé caresser par les vibrations. Utilisant alors une méthode empruntée à certains animaux, le magnétiseur, ayant déposé Marin au centre de la pièce, s'est mis à tourner autour de lui d'abord à pas lents, puis de plus en plus rapidement. Mais, au lieu de tenter de suivre des yeux le voltigeur, Marin est resté immobile, regardant droit devant lui et riant à chaque apparition dans son champ de vision de la renarde courant tête basse ou de la biche titubant sur le cercle trop petit pour ses longues cannes. Ensuite, testant le procédé de la toupie, l'hypnotiseur, portant sa victime contre lui, se mit à pivoter sur lui-même. Mais Marin baissa prudemment les paupières jusqu'à ce que le tourneur s'immobilise et aucun résultat ne fut obtenu. Le procédé du mouvement pendulaire qui consiste à tenir à l'horizontale celui qu'on veut endormir et à le balancer lentement, tête en bas, tête en haut, ne fut pas plus convaincant. Le magnétiseur eut ensuite recours, tour à tour, au stratagème du froissement des feuilles mortes et à celui des vagues tombant lourdement sur le sable. Dans le premier, il s'agit de frotter légèrement, comme on froisse des feuilles, entre l'index et le pouce (rugueux de préférence), le pavillon des oreilles de celui qui doit dormir et le deuxième consiste à caresser lentement avec la paume de la main (rugueuse de préférence), bien ouverte et les doigts joints, les oreilles, les joues et les tempes de celui qu'on veut endormir. Mais ils se révélèrent tous deux inopérants. Il usa de divers appeaux qui peuvent faire croire aux enfants que la nuit n'est ouverte qu'aux animaux nocturnes. Il essaya la contemplation du feu dont il est dit qu'il ferme les yeux aux plus têtus. Il foula des fougères sèches dont le chuintement devrait appeler le sommeil. Il mima lui-même un sommeil de plomb, montrant par là le chemin à suivre. Rien n'y fit. Et c'est ainsi que le jour vint.

Il perçoit les cris de ses semblables, même atténués par l'épaisseur des murs de son lieu de détention. Quelque part, partout, s'agite librement le peuple des nains dont les sons aigus et clairs percent le brouhaha de l'activité des géants, un sourd brouhaha. Il s'agit pour ce menu peuple d'être présent dans l'air à la manière des moulins qui broient le sel ou la coriandre, des crécelles, des grelots du traîneau rouge, des sonnettes de vélo, des mouches, des bourdons, des abeilles et des cloches, et d'y laisser les traces d'éclats de bulles et de coquilles d'œufs. Leurs langues s'échappent du courant continu et mortel du tumulte qui ne peut les contenir et au-dessus duquel elles forment de légers buissons et des lianes aériennes articulant à l'infini le nombre croissant des feuilles en étoiles, javelots, cœurs et palmes.

De la plupart des êtres, il connaît davantage le langage que le nom. Ainsi, le cheval est celui qui piaffe, le rat celui qui zigzague, le cochon celui qui renifle sa morve et grogne, l'éléphant celui qui barrit, le chien celui qui aboie et qui tousse, le chat celui qui miaule, feule et crache, l'oie celle qui siffle, l'otarie celle qui gémit des entrailles, le vent celui qui plie les branches et agite les feuilles, l'arbre celui qui ploie et offre ses branches, la pluie celle qui mouille et tambourine, le robinier celui qui pique les mains, les géants ceux qui le soulèvent de terre et qui le retiennent par terre, sa mère, maman, la nuit celle qui murmure en faisant semblant de dormir.

Alors que l'eau semble insaisissable à mains nues, il est très facile de la capturer à l'aide du moindre gobelet et même d'un dé à coudre. On peut toujours en prendre une partie au piège avant qu'elle ne rentre en terre et la garder captive le temps qu'on veut. Le sable qui coule entre les doigts peut être attrapé et retenu avec une petite cuillère. Mais l'air qu'on parvient à capturer, il faut immédiatement le relâcher sous peine d'asphyxie. Le sable peut être notre prisonnier. La poussière si légère peut être notre prisonnière et l'eau peut se garder captive. Mais nous sommes les prisonniers de l'air qui circule librement autour de nous et nous remplit.

La face de Marin est mobile, extrêmement mobile, des sourcils au menton. Sur la face terne du géant, ce sont bien la mobilité et les métamorphoses qui font rire le nain : les joues gonflées d'air, le nez qui se tord, les expressions de surprise, de dégoût et même de douleur lorsque la douleur est indéniablement feinte. Marin ne se touche jamais le visage, ni le nez ni le menton, car rien ne le nécessite. Il porte toujours le visage en avant, en proue, sans jamais le cacher ni le détourner. S'il se frotte les yeux, c'est négligemment, sans insister et simplement dans le souci d'éclaircir la lumière. S'il ne porte pas la main à sa figure, c'est qu'il n'y a rien à toucher dans cette zone-là, ni de véritable peau servant de support et de masque ni de lieu dont on puisse tracer les contours, mais un mouvement permanent et irrésolu, le passage furtif de fleurs sur l'eau ou de nuages à peine perceptibles dans le ciel, cris du silence, lumières de la nuit, tumuli sur la plaine. Et lorsqu'il rencontre son image dans un miroir, il ne lui accorde pas plus d'attention que pour une photographie animée de tics et qui ne lui est d'aucun secours.

Alors, le nain aspergea le géant d'urine tiède, lui prouvant que l'eau ainsi que l'air le traversaient de part en part et que jamais l'eau que l'on avait cru prendre au piège ne reste éternellement captive. Lui prouvant qu'il n'appartenait pas à l'espèce des récipients qu'on peut tranquillement remplir à ras bords mais plutôt à l'espèce des sources résurgentes dont personne ne peut prédire quand elles peuvent tarir, à la grande famille qui suinte goutte à goutte, pleut quand cela lui chante, fiente à tout bout de champ, se disperse et se concentre, indécise, têtue, d'un seul tenant ou en miettes.

C'est alors que le nain toussa et le bruit de cette toux parvint aux oreilles du géant comme le son familier par excellence, une preuve étincelante de leur profonde parenté. Un instant plus tard, un chien toussa et le géant se mit à douter du bien-fondé de sa déduction initiale.

Le nain répand une odeur de lait caillé. Chaque fois qu'il le porte, le géant s'imprègne de cette odeur. Alors il change de chemise, mais l'odeur subsiste. Il sent ses doigts et se lave les mains, mais l'odeur subsiste et se développe en puissance. Il se lave le cou et le visage, mais l'odeur purifiée par le savon subsiste et s'entête. Poursuivi par l'odeur du lait suri, le géant change de vêtements cent fois par jour et se lave les cheveux jusqu'à les blanchir, mais la trace du nain demeure à jamais indélébile sur le corps du géant qui s'ébroue et s'incline.

Aujourd'hui (pour la quantième fois ?), j'ai joué avec Marin au géant et au nain. Je suis le géant, il est le nain. Tout dépend du bon vouloir du géant, mais le pouvoir du nain est proprement illimité. Ce jour, tôt le matin, le nain a réveillé le géant en poussant des cris aigus et en chantant des chants monocordes. Le géant à la tête hirsute et aux yeux soudés s'est approché de la cage où il avait déposé le nain pour la nuit. Dans ses bras démesurés, il a soulevé le nain qui souriait d'un délicieux sourire et qui jubilait, puis il a dévalé l'escalier monumental, portant le nain tout chaud contre sa poitrine et lui couvrant la tête pour qu'il ne puisse entrevoir les principales possibilités d'évasion. Le géant a sorti le nain de son cocon et l'a débarrassé de ses excréments dont le parfum était tel qu'il doit toujours être et dont la consistance lui parut idéale. Le géant a donné au nain son biberon préféré ni trop chaud ni trop froid et le nain réjoui a tété le lait tiède jusqu'à la dernière goutte, car le nain est un téteur expérimenté, la cloque qui orne sa lèvre supérieure en est la meilleure preuve. Après avoir baigné le nain, le géant l'a habillé avec ses vêtements de ville et lui a fait prendre l'air de la ville qui, ce jour-là, avait une odeur de coing. Le géant a nourri le nain à la petite cuillère, jusqu'à la bouchée recrachée, car un nain ne mange que ce qu'il veut et il lui est permis de retirer de sa bouche les morceaux non désirés. Le géant doit se plier à l'appétit du nain. Ensuite, le nain, comme à son habitude, a voulu tester l'obéissance du géant et il a précipité sur le sol, du haut de la chaise au losange, des cuillères, des morceaux de pain, des montres en or, des perles, des statues de bouddha et les œufs en bois de la tortue des planches. Le géant a tout ramassé. Le géant doit se plier aux désirs du nain. Puisque le nain n'est pas libre de courir où il veut, le géant doit le conduire partout en le portant dans sa hotte. Aujourd'hui, dix ou onze octobre, le nain a griffé le nez du géant dont il connaît tous les points faibles et le géant à vécu toute la journée avec son nez sous les yeux, car le nez est invisible tant qu'il demeure intact, mais il suffit de le dégrader pour qu'il se matérialise. Si le nain est tributaire du géant, le géant est responsable du nain, bien que personne ne sache à qui il doit rendre des comptes.

Parmi les êtres vivants, les premiers qu'il a bien voulu nommer sont les chats. Il les a reconnus surgissant des buissons touffus et de la face cachée des arbres et il leur a tiré la queue en signe de bienvenue, mais surtout pour prendre contact avec les éléments qui circulent le plus librement entre le jardin et la maison et, dans les jardins, entre la terre et le ciel, adorables incarnations de l'air et étranges congénères dont les cris ne sont pas suffisamment familiers ni tout à fait étrangers. Il leur offre ce qu'il y a de meilleur dans la maison et pousse contre leur pelage sa cuillère préférée dont il ne serait pas étonné qu'elle soit engloutie tant ces créatures sont poreuses.

Marin a pris l'habitude d'escamoter les objets les plus précieux de la maison des géants, les clefs, les montres, les bracelets, les dés à coudre, les tournevis d'électricien, les anneaux et les boucles d'oreilles, les piles, les peignes. Puisqu'ils étaient précieux, ils manqueront atrocement et quelque chose doit se passer. Mais rien ne se passe. Aussi ne comprend-il pas la joie que manifestent les géants en remettant la main sur ces éléments indispensables de leur vie.

Au cours d'un échange de baisers, il tend la joue et donne son baiser dans l'air, car un seul baiser sonore suffit et il ne serait pas raisonnable d'oublier l'air qui nous entoure et nous traverse. Alors que le baiser n'est qu'un îlot, l'air est toute la mer et toute la terre à lui seul et il touche toutes les joues et même celle du géant n'y échappe.

Donc, rien ne disparaît. Ce qui tombe de la table atterrit sur le plancher. Ce qu'il jette par la fenêtre s'embourbe dans le jardin. Ce qu'il expédie par-dessus le mur se retrouve dans le jardin voisin. Ce qu'il envoie dans l'eau se retrouve au fond de l'eau. Les billes qui roulent dans l'escalier se retrouvent dans le corridor au niveau du jardin. Les poires qui se détachent rebondissent et roulent sur l'herbe ou se fracassent sur la terre battue. Mais alors, s'il y a toujours, partout, un plancher pour recueillir les objets qui tombent, un sol de pierres ou de briques, une cave, s'il y a toujours un fond sur lequel on peut toujours retrouver ce qui avait chu, roulé ou coulé, à quel niveau est le gouffre par lequel tant de choses disparaissent ?

Ce jour-là, un trois ou quatre mars, Marin connut la chute du jour, la chute extrêmement douce du jour. Le géant le glissa dans sa poche ventrale et le sortit au grand air pour lui montrer les chauves-souris du bois obscur. Ce jour-là, ils n'allèrent pas au-delà de la barrière du jardin. Dans l'air gris, Marin s'endormit d'étonnement. Le soir suivant, ils allèrent jusqu'à la haie de lauriers et, en tendant le bras pour saisir une feuille dont il ne reconnaissait plus la couleur, Marin s'endormit d'étonnement. Le soir suivant, ils entrèrent dans le bois comme dans une nuit soudaine qui ferma les yeux de Marin. Le soir suivant, ils traversèrent le bois obscur comme une nuit très courte au bout de laquelle Marin ouvrit les yeux d'étonnement, car jamais le géant ne l'avait porté durant toute une nuit. Le cinquième soir, pendant la traversée du bois, Marin demeura vigilant afin de mesurer la longueur de la nuit et il vit que cette nuit-là était percée de toutes parts comme un filet aux mailles très larges et que l'obscurité ne tombait pas du ciel mais sortait du sol que foulait celui qui le portait, et montait dans les arbres.

Ce jour, parmi les premiers jours, le géant a joué avec le nain au chameau et au chamelier. Le nain est le chamelier et le géant le chameau. Le chamelier est très exigeant mais fragile comme un fétu de paille et il n'est pas encore né celui qui pourrait épuiser le chameau. Sa puissance n'a d'égale que sa résistance. Le chamelier a hélé le chameau qui, malgré l'heure très matinale, est arrivé en courant personne ne sait d'où, car aucun chamelier ne pourrait dire avec certitude ce que fait son chameau livré à lui-même mais il montre tant de bonne volonté lorsqu'on a besoin de lui que tant pis pour le mystère. Le chamelier fit s'agenouiller le chameau et se jucha sur les épaules, près du cou, et saisit à pleines mains les oreilles de sa monture. Lorsque le chameau fut debout, le chamelier dut se courber pour passer sous le chambranle des portes, car le chameau est tellement haut sur pattes que lorsqu'il est debout on pourrait croire qu'il se tient sur ses pattes arrière. Il se fit conduire partout où il voulait et, de sa position élevée, il put vérifier ce qu'il craignait depuis longtemps. Sur les toits plats des armoires toutes pleines de papier, de faïence et d'étoffe, il n'y avait que des amas de poussière et dans leurs corniches, pas une trace d'eau ni de fiente d'oiseau. Il sut qu'ils étaient dans le désert.

Chaque fois qu'on le dépose dessus, il fait mine de baiser le sol, la terre, le marbre, la terre cuite ou le bois. Sur le tapis, il pose sa joue rebondie. Jamais à ce moment précis il ne manque de sourire ni de jeter un coup d'œil au géant qui le surveille, car le voici à la croisée des grands chemins, au point vers lequel toutes les voies convergent. Le tapis est posé sur le plancher. Le plancher repose sur la brique et la brique est posée sur la terre. La terre, elle, coule sur des amas, des amoncellements et des montagnes de pierres.

Puis, lorsqu'il voulut avancer, il recula et vit s'enfuir les objets qu'il convoitait et se proposait d'atteindre. L'espace le fuyant, il se tint acculé contre les parois et dans les coins qui lui servirent de tremplin. Il s'obstinait à vouloir toujours aller de l'avant comme font les géants. Sa technique ne lui permettait pas de descendre les escaliers, car sur la dernière marche il était en position d'avoir déjà escaladé toutes les autres. Puis il sut qu'en reculant on avance autant qu'en avançant.

À genoux sur le plancher où le géant enfin osa le déposer, il parcourut les dessins du bois. Immédiatement, il se retrouva au cœur des inscriptions comme au milieu de sa première carte topographique et s'y promena sans se lasser, se hissant sur les monts et glissant sur les pentes. Il bondit sur les clous et les nœuds, qui devinrent ses principaux points de repère. Sa première croûte terrestre fut en pin mort et verni. Sa prédilection pour le chêne se manifesta rapidement. Mais déjà il cherchait la terre afin d'en goûter le sel et d'en surprendre la couleur. Combien de pâquerettes eût-il mangées plus tard sur le grand drap d'herbe si les géants ne l'en avait empêché, craignant par-dessus tout qu'il ne devienne le taurillon noir fonçant tête baissée sur les illustres vanesses romaines ?

Quand a-t-il goûté la terre pour la première fois ? Quelqu'un pourrait-il me le dire ? Sans la moindre grimace, il mit de la terre crue sur sa langue et la mastiqua longuement, toute salée et noire qu'elle était, la réduisit en boue, en fit fondre les cristaux sans que rien ne crisse ni ne crie, car en ce temps-là de dents n'avait point, pas plus que de rancune ni le moindre écœurement. Le jour était blanc, le ciel avait sa blancheur coutumière et la terre, la terre avait la noirceur voulue. Et il reçut son nom. Son nom lui fut donné. Il fut nommé Marin.

Puisqu'il est plus facile de marcher comme un ours que de bondir comme un tigre, il se dresse sur les talons puis sur les ongles et marche comme un ours. Il entreprend aussitôt la recherche des échelles qui devront le conduire, palier par palier, vers le faîte du toit qu'il voudrait contempler comme on regarde la mer pour la première fois. Puis il devra trouver les échelles qui permettent de descendre vers le fond d'où monte l'obscurité. Quelques questions essentielles : les cheminées sont-elles habitables ? Si oui, pourquoi ? Si non, pourquoi ? Pourquoi la fumée monte-t-elle toujours vers le ciel ? Pourquoi certains objets qui étaient inaccessibles hier le demeurent encore aujourd'hui ? Pourquoi range-t-on toujours les choses en hauteur et si rarement en profondeur ?

Aujourd'hui, en septembre, par trois fois, le nain a failli échapper au géant qui l'avait emmené en promenade sur les coteaux de la citadelle. Puisqu'il lui a été confié et mis sous sa responsabilité, le géant doit au nain enseigner le monde. Or, si le nain a appris à marcher comme un ours, comme un ours il grimpe aux arbres. Il se fait que, le géant l'ayant posé à la fourche d'un arbre aux branches tortueuses, orme de trois cents ans au fût très court, le nain, trouvant immédiatement les bonnes prises, s'est hissé vers le ciel grand ouvert. Ailleurs, au lieu de suivre le sentier, il s'enfonça dans les hautes herbes, parmi les épines, cherchant une galerie. Un peu plus loin, il se mit à courir sur le caillouteux chemin en pente serpentant dans le bois des carmélites, tentant de disparaître au premier virage. Le nain manquerait-il de jugeote, qu'il cherche à s'échapper à la fois vers le haut, vers le bas et en lui-même ? Ou alors c'est que les trois chemins mènent au même lieu.

Tout passera par la fenêtre : Marin s'en est fait le serment. Ce qui est léger tombera lentement et touchera le sol sans bruit. Ce qui est lourd se fracassera sur les briques. C'est le vol plus ou moins long qui préoccupe Marin, non l'impact sur le sol. Le vol et, assurément, la présence dans le jardin d'objets qui n'avaient de place qu'au premier étage. Depuis qu'il y est apparu, Marin réorganise le monde. Le jardin entrera dans la maison et la maison sortira dans le jardin ou plutôt rien ne sortira ni n'entrera, car entrer dans quoi et sortir d'où ? Mais alors pourquoi tant d'obstacles ? Les barrières sont simplement les échelles pour le liseron, les bordures soulignent les méandres du sentier des escargots et les portes ventilent l'air chaud et l'air froid : aussi est-il indispensable qu'elles demeurent en équilibre sur leurs gonds et qu'elles grincent, faisant partie de l'innombrable espèce des girouettes et des moulins, de la famille des rotations infinies et des révolutions sempiternelles. Le nain sait avec certitude que les murs, les pavés, les planchers et les toits ont une bien moindre importance dans l'ordre du monde que toutes les ouvertures qui y ont été pratiquées, trappes, fenêtres, tabatières et portes dont il est primordial de connaître le fonctionnement sur le bout des doigts.

Désormais, il peut tout faire avec les mains, toucher, prendre, arracher, donner, frapper, allumer du feu sans briquet ni allumettes, scier sans scie, réparer les voitures sans clef à molette ou à douille, photographier les bœufs, les cochons et les géants sans appareil photographique, écrire et dessiner sans pinceau mais avec le doigt sur le sable, la buée, dans la boue, dans la poussière et dans la neige, car, après tout, les outils ne sont qu'accessoires et les mains, les seuls instruments infaillibles.

Dans la maison du géant, le nain possède maintenant sa maison. Il y invite le géant qui pour entrer doit se plier aux lois de la réduction. On n'entre pas impunément dans cette demeure où Marin est maître absolu. Là, le nain choisit de s'asseoir sur la chaise et offre au visiteur qui réclamait la chaise un coussin de plume. Mais, s'il avait réclamé le coussin, ce même visiteur se serait vu octroyer la chaise. Au jeu des contradictions, le nain est le plus contrariant mais aussi le plus souple. Enfin, la porte refermée, le plus civil des nains fait les propositions d'usage, boissons, nourritures, couvertures pour les jambes et les épaules, livres et, ainsi que le dicte la politesse courante, l'invité est tenu de garder sa place même lorsque la grêle perce le toit, que le vent déchire les murs et brise les vitres et que la maison glisse sur la pente vertigineuse de la montagne. Et puisque la maison de Marin est une véritable maison en contact intime avec les éléments, elle attire comme il se doit l'éventail complet des cataclysmes possibles.

Parfois, un bouquetin entre dans son corps. Lorsque le géant le saisit pour le soulever de terre, il se tord et cherche à s'échapper. On apprécie la vitalité d'un bouquetin au fait qu'au lieu de chercher à sauter par terre il grimpe au plus haut qu'il peut sur celui qui tente de le maîtriser. C'est-à-dire qu'au lieu de chercher refuge en bas, il le cherche en hauteur et se sert de celui qui veut le capturer comme d'une échelle, car il sait que, si les pieds sont toujours soudés au sol, aucune tête ne touche les étoiles.

Marin a certaines exigences. Il demande qu'on lui donne son sexe qu'il trouve joli. Donne mon oreille, donne mon cil. Une fois dans sa main, son oreille, son cil, son sexe lui appartiendraient vraiment. De son corps perpétuellement sous la coupe des géants, il sépare son sexe qu'il cache sous un coussin, son oreille qu'il glisse dans une fente du plancher, son cil qu'il met dans son gobelet et qu'il boit, son petit orteil qu'il enfouit dans la terre fine et ainsi de tous ces objets intimes il devient le maître et le garant et l'unique dépositaire, reconstituant peu à peu et à sa guise son corps dans le secret.

Dans le ciel obscur, il cherche toujours la lune qui devrait y être et un jour sans soleil n'est qu'un demi-jour. Chez la boulangère, il mange du pain. Chez la bouchère, du boudin. Chez le marchand de volailles, il mangerait volontiers des œufs et, chez la crémière, le fromage le plus vieux. S'il en va autrement, c'est que quelque chose cloche.

Au cours de la sieste de l'après-midi, le sommeil a échappé au nain, qui a appelé le géant. Il l'a appelé d'une voix très basse où seules les consonnes étaient perceptibles. Voulait-il, tout en rappelant son existence et sa dépendance vis-à-vis de lui, que le géant ne vienne pas trop vite ou simplement vérifiait-il le bon fonctionnement de son instrument vocal ? Un stratagème inique permit au géant d'entendre ce qu'il voulut bien considérer comme un appel impératif et il obtempéra illico et put surprendre sur le visage emmitouflé du nain le fameux sourire de Chinois.

Marin s'intéresse aux minuscules particules qui constituent le monde. Dans un luxuriant jardin, il regarde avant tout les cailloux du gravier, les feuilles séchées, les grains de sable et, parmi les cailloux du gravier, lui sautent aux yeux les rares noyaux de merises. Sur le plancher lustré et ciré, il tombe immédiatement sur les clous et les graines d'avoine apportées par le vent, la pince de ses doigts lui servant d'outil de précision. Il pose l'index sur chaque défaut, déchirure, plaie, lézarde, démontrant d'un seul geste l'extrême fragilité des murs, des planches, des métaux et de la peau et soulignant les accidents de l'uniforme enveloppe visible. Les étangs sont striés de stries brisées, la surface des fleuves n'est pas plate. Tout est troué, même l'air.

Le grand voyage commence immédiatement après la grille du jardin. Mais il y a une foule de choses qu'il convient de régler avant de pouvoir franchir cette grille. Il y a une clenche à tourner d'un peu moins d'un quart de tour. Il y a la sonnerie du téléphone à ignorer. Il y a deux volées de marches à descendre. Il y a parfois un objet à prendre sur le plateau de la rampe. Il y a une clenche à baisser et une clef à tourner, une porte à ouvrir et une porte à refermer. Juste après, il y a une flaque à éviter et des poires à ne pas écraser, des briques descellées à contourner, un chat à saisir. Il y a une poignée de feuilles à ramasser, feuilles d'érable en l'occurrence, deux marches à descendre, vers le jardin des voisins lorgner, deux marches à descendre, deux cailloux à jeter du haut du mur, quatre voitures à identifier, un escalier à descendre, un chat à surprendre dans la boîte aux lettres, la grille à tirer dans un effort surhumain. Peut-être que le grand voyage commence dès l'instant qu'il a pris la décision de l'entreprendre.

Il transporte le sable de la rivière sur le plancher de sa chambre et les coussins de sa chambre au bord de la rivière. Il mélange les lieux et se les concilie. Et vit deux fois. Dans un même gobelet, il dépose des châtaignes, de l'eau de mer, de l'herbe et sa propre buée. Il mélange les éléments et se les concilie. Et vit éternellement.

Il jette dans les bassins et au fond des arrosoirs les cailloux du sentier et les vieilles pommes de terre pour entendre la réponse du fer qui tinte à travers l'eau que contiennent les récipients. C'est une réponse pleine de gravité qui retient toute son attention. Les premières harmoniques d'un chant, la participation aux manifestations de l'air et de l'espace d'un métal réduit en esclavage par le feu et les machines mais dont la voix a gardé toute sa pureté. Après avoir vidé l'eau qui encombre la gorge métallique, le nain utilise pour le véritable réveil du fer qui dormait les indispensables outils de percussion : la cuillère en bois, la semelle en cuir, la baguette vivante du noisetier encore ornée de ses bourgeons, la pierre à aiguiser, le pot en terre cuite et la fourchette rouillée de métal véritable : bois contre fer, peau contre fer, végétal contre métal, pierre contre fer, cuit contre recuit, et enfin le fer contre le fer pour la totale délivrance et le retour aux origines. Ayant accompli ce prodige, Marin continue à chercher et trouve ce qui ne demandait qu'à se réveiller des décombres et les nerfs des géants peu à peu se tordent, répondant par secousses électriques aux sons de la révolte, et vibrent des vibrations de l'air. Bois contre pierre, végétal contre minéral, pierre pleine d'échos contre pierre d'échos pleine. Liquide contre liquide et gaz contre gaz...

Souvent, le nain prend le géant par la main, mais de préférence le saisit par l'étoffe de son pantalon car la plupart du temps le géant n'est qu'un immense amas d'étoffe au cœur duquel la vie s'est retirée. Il le somme de l'accompagner d'un ton pressant et amical mais il ne l'emmène pas dans le jardin où vivent les chats, les oiseaux et les arbres, ni sur le toit où règne en maître la chouette hulotte, mais derrière la porte, dans le coin, là où la porte se rabat contre le mur, et il l'invite à s'asseoir en ce lieu et à refermer la porte sur cette réduction de l'espace du salon dans lequel ils devront cohabiter et s'entendre. Ainsi, lorsque le salon est grand ouvert, il est quand même bien fermé pour eux.

Lorsqu'il serre dans ses mains un objet qu'il convoitait avec force et entêtement et qu'il semble avoir définitivement accaparé, il s'en défait avec bonne grâce lorsqu'on lui demande de le déposer au bon endroit, c'est-à-dire, de préférence, de le jeter par la fenêtre, quel que soit l'objet, sa tétine, une montre, un morceau de chocolat, un peigne, car l'envol est mille fois plus important que l'inerte possession et puis, ce qui a disparu par la fenêtre, on le retrouve souvent complètement transformé dans le jardin. La transformation vaut mieux que l'inerte possession. Lorsqu'il possède un objet qu'il semble avoir définitivement accaparé, du chocolat, une montre aux nombreuses aiguilles, une voiture, il est toujours disposé à l'échanger contre un nouvel objet quel qu'il soit, un clou, un tournevis ou une plume de geai, car le renouvellement vaut mieux que l'inerte possession.

Il y a un nain dans ce jardin familier incliné doucement vers le sud, une créature obstinée et souple, prête à tout. Une branche de groseillier peut le cacher et même une seule feuille ou un brin d'herbe posé en travers du visage puisqu'il suffit de changer d'aspect aux yeux de ceux qui vous cherchent pour devenir invisible. Le principal danger qui le guette est la chute des lourdes poires qui tombent sans crier gare. Les guêpes aussi le menacent et les énormes papillons se posent brusquement sur sa joue en éventant son nez. Le grand vent l'empêche de respirer mais il aspire le petit vent doux qu'il capture à la faveur d'une accalmie. Sur ses bottines bleues, le limaçon pose du fil.

Il retient ce qui le liait et étouffe ce qui l'oppressait. Il se jette de tout son poids sur son édredon, l'écrase et l'aplatit, mais il attrape les courroies du harnais qui l'avait retenu sur sa chaise, les mordille doucement et poliment les suçote. Il tue l'obscurité d'un coup d'interrupteur et pousse son ours énorme contre la fenêtre noire mais il saisit à deux mains le bras qui l'avait empêché de s'enfuir vers l'escalier.

Marin connaît la grande et la petite tristesse. La première ne peut se résoudre. La deuxième ne se résout que par le bain de larmes. Le bain de larmes vivifie, lave les entrailles et promet une grande clarté.

Parmi les coccinelles et les pucerons, Marin est un géant. Il a appris à s'agenouiller pour observer les moucherons et les fourmis en files le conduisent vers un terrier dans lequel il ne pourrait pas introduire le petit doigt. Un millier de grains de sable fin ne rempliraient pas le fond de sa sandale. Un million de pucerons verts pourraient à peine couvrir son anorak que les grands machaons prennent volontiers pour une feuille de tulipier.

C'est alors que le sexe du nain fabriqua l'odeur de cannelle qui parvint aux narines du géant comme l'odeur familière par excellence révélant à quel point le nain lui était semblable en toutes choses. Et les pieds du nain fabriquèrent l'odeur du fromage fermenté qui parvint aux narines du géant, lui prouvant à quel point le nain lui était semblable en toutes choses. Mais la bouche du nain continua à fabriquer des substances douces comme la saveur de la figue et l'aigreur légère de la grenade et le géant douta du bien-fondé de ses premières appréciations. Mais les yeux du nain continuèrent à distiller le même regard de pure insistance. Une partie du nain lui devenait aussi proche que sa propre chair mais l'autre partie lui demeurait totalement étrangère. Il décida alors de ne plus chercher à surprendre ce qui rapprochait le nain de sa propre personne mais bien plutôt ce qui l'en éloignait.

En pleine nuit, Marin rencontre le gros poisson qui frétille au milieu de son lit. Cela ne l'étonne qu'à moitié car la rivière est aussi proche de son lit que la lune qui y jette sa grande clarté ou que l'agneau tout blanc, mais cette présence l'incommode à cause de la peau froide de l'animal et de sa façon de se tordre fiévreusement contre son corps brûlant. Tout ce qu'il touche fait partie de cet énorme poisson froid et agité. Et les jambes et les bras et les cœurs des géants qui l'ont pris dans leur lit font partie de l'énorme poisson qui frétille. Le feu qui dévore Marin est à ce point puissant et vivant que toutes les autres créatures et figures appartiennent à la famille des êtres au sang froid et aux convulsions incongrues. Habité par le feu, il renie le monde.

Marin apparaît au jardin sous le jeune cerisier dont il serre le tronc avec ses deux mains car il devine que, de tous les êtres qui vivent sur la terre, ce sont les arbres qui bougent et changent le plus et le plus rapidement. Tant que ses mains peuvent encore entourer le fût du jeune cerisier, il le serre comme il serrerait le cou d'un jars prêt à l'envol afin de le retenir le plus longtemps possible à sa hauteur. De cette manière il le jauge et prend son pouls, admirant l'étonnante patience, la forme parfaite, la qualité de peau, mais il ne brouille aucun dessin ni n'interrompt aucun mouvement puisque les colonnes de fourmis vont et viennent pardessus l'obstacle de ses doigts en anneaux. Et le pacte est scellé.

Au géant, Marin apparaît en songe sous la forme d'un animal aux longs cheveux flottants s'approchant radieux d'un œil-de-bœuf. Un courant agite la longue chevelure et le visage change continuellement de couleur et d'aspect, influencé par le passage incessant d'énormes nuages. Il est clair que le nain a échappé à l'emprise du géant. Mais à la question de savoir dans quel élément il s'ébat il n'y a pas de réponse.

Qui dort la nuit ? Quoi dort ? Qu'est-ce qui dort ? Les coccinelles dorment, les cloportes dorment, les chameaux dorment, les pigeons dorment. Et les fourmis ? Elles travaillent. Et les rivières ? demande le géant. Non, les rivières ne dorment jamais, répond le nain avec conviction, car elles font trop de bruit et sont toujours mouillées. Et les bateaux ? Non, car ils se balancent sur les vagues. Et les montagnes ? Non, car elles sont bien trop grandes et leurs têtes sont toujours froides. Qui se repose le jour ? Qu'est-ce qui se repose après midi ? Les chiens se reposent, les chats se reposent, les renards se reposent, les pigeons se reposent après midi. Et les fourmis ? Elles travaillent toujours et toujours. Et les rivières ? Non, car elles n'arrêtent jamais de briller. Et les montagnes ? Non, parce que leurs têtes sont trop près de la lumière.

Aux framboises, il a décidé de préférer les groseilles rouges. Il vit le jour parmi les groseilliers à grappes aux fruits gros comme du raisin muscat de Hambourg. Parmi les fruits rouges qui sont les meilleurs et les plus beaux des fruits, les seuls vrais fruits, les groseilles sont les préférées de Marin, les fruits les plus parfaits, translucides jusqu'à la transparence, acides au point d'exiger une grande quantité de sucre, faciles à manger car absolument nus et dépouillés, légers et miraculeux dans le feuillage sombre et sur les tiges noires des buissons. Lorsque Marin mange des groseilles, il est à la fois le nain, le merle, la fourmi, la souris, l'ours et le géant.

Dans mon sexe froissé, j'ai un autre sexe lisse qu'il faut laisser tranquille dans sa maison. Alors que mon sexe que vous voyez est un fruit, celui qui se cache est un poisson qui, s'il était exposé à l'air et à la lumière du jour, étoufferait ou se ferait tout de suite manger par un aigle. Dans ma bouche que je peux fermer et ouvrir à ma guise, il y a une bouche toujours ouverte avec une petite langue qui ne peut s'allonger ni claquer, une bouche en forme de trou qui ne peut que crier et gémir et s'exclamer à la manière des crapauds. Ce que je fourre dans ma bouche apprivoisée, c'est toujours la bouche sauvage qui l'engloutit dans le noir et qui renvoie les gaz dans l'autre. Comme elle n'a rien à montrer, ni dents blanches ni lèvres roses, elle demeure informe dans l'obscurité. Dans mes yeux que j'ouvre et que je ferme à ma guise, il y a un autre œil tellement noir qu'on n'en voit pas le fond et personne ne sait si cet œil se ferme parfois. Dans mon doigt charnu, un autre doigt est enfermé dont on distingue la forme à travers l'ongle. Dans ma tête chevelue, une autre tête palpite et se gonfle.

Moi, Marin, je ne veux pas parler. J'attrape les oreilles de ceux qui se penchent sur moi, car à leurs oreilles tintent les grelots du traîneau rouge et j'attrape aussi le nez, parce que le nez est ce qu'il y a de plus vulnérable et de plus comique sur la face des géants. Je marche sur les mains et les genoux et je me dirige toujours vers où je ne peux aller, vers le poêle incandescent, vers l'escalier qui descend plus que vers l'escalier qui monte, vers les fils électriques, et on doit m'en empêcher et poser devant moi des barrières infranchissables. Je pleure, je saisis les couteaux par la lame et le feu exerce sur moi un attrait à nul autre comparable.

Marin est assis muet face à la mer qui hurle et monte tout entière sur le sable, apportant tant de sel à la fois que la face de Marin est immédiatement confite. Patiemment, il attend que la mer s'aplatisse à ses pieds, alors, debout, il pose la tête sur le sol et baise affectueusement le sable mouillé et salé. Il baise longuement le mouillé et le salé et fait crisser les cristaux entre ses dents. C'est sa manière à lui de rendre hommage à la montagne révolue.

La nuit, ronflent les monstres et frétillent les énormes poissons. Quand les monstres ronflent, ils font merveilleuse musique qu'on peut écouter éveillé ou endormi. Qu'ils ronflent tant qu'ils peuvent comme le vent dans les maïs. Ce n'est pas cela qui pourrait effrayer Marin. Mais, surtout, qu'ils s'abstiennent de suffoquer et de hoqueter au beau milieu d'une phrase mélodieuse comme des éléphants qui auraient aspiré trop de grains de riz à la fois et qui ne pourraient ni les avaler ni les recracher. Que les poissons frétillent, lançant les éclairs les plus beaux, mais que jamais ils ne se contorsionnent jusqu'à se fourrer la queue dans la gueule ! Que les monstres ronflent et que les énormes poissons frétillent !

Parfois la nuit s'arrête et Marin se réveille au milieu d'elle, prêt à tout. Personne ne pourra le dissuader que la nuit est accomplie, même si le ciel est noir. Il trouve toujours la lumière là où il la cherche. Il pleure un peu, il chante et regarde les yeux grands ouverts de l'agneau, de l'ours, du lapin. C'est ainsi que le jour vient.

Au géant, Marin apparaît en songe sous la forme d'une girouette à trois faces qui tourne sous l'action de la lumière du soleil ou de la lune. À la face pâle et presque sans contours succède la face ombreuse et comme fardée, tête de coq ou de chat. À la face tigrée succède la face de Chinois qu'un sourire sans plis, sans coutures, sans yeux, sans dents et presque sans lèvres entièrement compose. C'est ce fameux sourire de Chinois qui reste le plus longtemps visible à cause d'un défaut du pivot de la girouette.

Le monde de Marin est constitué de particules infimes. À chaque seconde il peut le réorganiser à sa guise. La place de chaque particule n'a aucune importance, car rien n'a de place ni de forme définitive sur la terre. Il ne bâtit que jusqu'au moment où il détruit et met autant de savoir-faire dans le démontage que dans la construction. Il n'y a pas de hauteur idéale pour un mur, il n'y a qu'un point à partir duquel le mur sera démonté. Il n'y a pas de forme idéale à une maison, il n'y a qu'un point à partir duquel elle changera de forme. Une belle construction est une construction dont on aura autant de plaisir à défaire les éléments qu'on en a eu à les assembler. Un beau désordre vaut mieux qu'une inerte ordonnance.

Avant de se décider à toucher aux groseilles acides, il dévorait les framboises comme un écureuil mange les œufs de rouge-gorge. Son plastron blanc se teignait progressivement des plus belles couleurs. Son menton et ses joues rebondies portaient les traces indélébiles du grand carnage ineffable. Chaque framboise mûre était une lanterne qu'il éteignait méthodiquement parmi les feuilles et les épines. Ce fut une des premières nourritures qu'il prit en solitaire et en secret et personne jamais ne put évaluer l'ampleur du préjudice causé aux animaux carnassiers.

Le soleil rend Marin plus blanc que neige, effaçant son visage et soulignant ses yeux. C'est à ce moment-là, rare, quand la lumière est suffisamment corrosive et quand la girouette montre sa face la plus vulnérable, qu'est visible celui qui regarde. Les yeux qui semblaient d'une clarté infinie sont à présent d'un noir ardent et sans nuances. Aucune ossature n'apparaît et les cheveux de sa mère, roussis par le feu, se mêlent aux siens qui brûlent.

Le nain et le géant luttent corps à corps. Plus la chute finale sera rapide et spectaculaire, plus la lutte sera réussie aux yeux du nain. Et c'est le nain toujours qui tombe le mieux et le plus vite, car rien ne le retient de choir sur le sol, ni l'humiliation de la défaite ni la peur de se blesser. À ce jeu, seul le géant triche. Assuré de la faiblesse proverbiale du nain, il retient sa force et agit avec une maladresse qui confère à la lutte un aspect clownesque. Voilà pourquoi il se fatigue bien avant son intraitable adversaire, que son aptitude à fléchir et à perdre rend invincible.

Il joue au chat. Je veux manger, dit le chat Noé. Et le chat Noé, yeux mi-clos et bridés, lèvre supérieure retroussée, mange en faisant semblant de manger, dévore en faisant semblant de dévorer, sans s'étrangler, sans tousser, tout ce qu'il y a de meilleur au monde, des pâtes, des champignons, du chocolat, des tartes aux fraises et des olives, devenu végétarien par sa propre volonté. Le banquet de Noé peut être interrompu fréquemment et prolongé indéfiniment car aucun des mets qui le composent, d'une variété inouïe, ne viendra jamais à manquer. Ne manqueront, immanquablement, que les mots pour les désigner. Ce genre de repas ne peut se prendre qu'en très bonne compagnie.

On a pris l'habitude, pour des raisons de commodité, de considérer le nain comme extrêmement maladroit. Il renverse, brise, déchire, trébuche, se cogne, tombe et se blesse aussi régulièrement qu'il mange et boit. C'est que toujours, quoi qu'il fasse, il se heurte à l'inertie des objets parmi lesquels il tourbillonne, renouvelant chaque jour ses tentatives de déclencher des turbulences au sein du lent courant mortel contre lequel il se jette et ricoche. Que la tasse danse et devienne toupie, se déformant et disparaissant dans l'espace, que les liquides coulent suivant les pentes propices, là, au milieu des objets déchaînés se déplaçant en équilibre sur des bases fines comme des aiguilles à coudre, il est le roi de l'air. Et ce qui se déchire enfin se fait entendre.

Le nain entraîne le géant sur le carrousel qu'il veut être seul à conduire. Désormais il n'y aura plus de points cardinaux ni de sens au vent. Ne subsiste que le mouvement giratoire étirant et déchiquetant les sphères. Il n'y a plus qu'un pôle unique d'où tout est parti et auquel tout aboutit.

Il ne peut plus entrer dans ses bottines bleues qui en une nuit ont rétréci comme avaient rétréci ses sandales blanches et sa cagoule. Quelque chose se resserre petit à petit. Les arbres rentrent en terre, la haie gagne du terrain et les murs se rapprochent. Et Marin abandonne ses coquilles devenues inhabitables les unes après les autres.

Je pleure, dit Marin et je ne sais pas pourquoi je pleure. Est-ce parce qu'aujourd'hui la lumière est différente ? Est-ce parce qu'il n'y a pas plus de neige aujourd'hui qu'hier ? Est-ce parce que quelque chose a changé ou est-ce parce que rien ne change ?

Marin veut que les phénomènes se répètent cent mille fois, les phénomènes qu'il préfère, l'apparition des framboises, l'apparition des groseilles, la berceuse aloulou, l'histoire de la baleine, l'histoire de l'ours privé de miel, le passage des bateaux proprement pontés et chargés d'une automobile, le rebond d'une balle magique, la chute du géant sur le tapis. Il veut que le monde se répète cent mille fois, comme aloulou cent mille fois sans jamais un son en moins ni en trop, la même chose toujours, le même bonheur pour l'éternité, les feuilles, les bourgeons. Les feuilles, les fleurs, les fruits, les bourgeons et jamais aucun vide.

Il sent que pleut la pluie et que souffle le vent et cela sur ses joues et sur sa tête. La pluie voudrait le dissoudre et le vent, prendre ses cheveux. Dehors, il n'y a pas de toit. À l'intérieur, la maison contient mille autres maisons. Dehors, on se fatigue à couvrir les distances et à l'intérieur, à vivre dans toutes les maisons à la fois. Sous la table de la cuisine, c'est la maison au sol jonché de miettes que les oiseaux jettent du toit. Dans chaque coin il y a une maison triangulaire. Dans l'armoire de la salle de bains, c'est la maison pleine de coton. Sous le lavabo, c'est la maison dans laquelle on sent l'eau couler, monter et descendre, appelée et refoulée. Sous les chaises, ce sont les maisons à claire-voie, les plus lumineuses mais strictement individuelles. Alors que dehors la pluie sèche vite et disparaît, à l'intérieur, lorsqu'elle parvient à entrer, elle laisse de terribles traces, comme si un chien avait levé la patte contre les murs et sur le plancher. Alors que le vent souffle joyeusement dans le jardin, à l'intérieur, lorsqu'il parvient à entrer, il se comporte avec une violence inouïe, il claque les portes, brise les carreaux des fenêtres et renverse ce qu'il peut, énervé par les chicanes.

Le nain obéit au principe du haricot vert qui, dès qu'il a acquis sa forme parfaite, s'allonge démesurément. Il était rond, joufflu et potelé et le voilà qui s'allonge. Il avait un nez, des oreilles, une bouche pourvue d'une langue et du nombre requis de dents. On lui avait donné un lit à barreaux dans lequel il se lovait comme un chat et une chaise parfaite. Tout son mobilier était enfin constitué et voilà que le lit est devenu trop étroit, la chaise trop fragile. Il s'avère qu'il n'a aucun égard pour les objets qui l'entourent et qu'il préfère les nouveautés.

Il dit qu'il est l'otarie domptée tirant la barquette. Les deux enfants à bord de la barque meurent de frayeur, car l'otarie fait mine de plonger vers les profondeurs. Elle met déjà la tête sous l'eau et arque son dos lustré. Mais, que les enfants se rassurent, ce n'est qu'une ruse pour obtenir la friandise qu'elle convoite. Elle les promènera tout autour du bassin, leur faisant admirer le plus beau paysage du monde. Dételée, elle leur donnera un baiser au goût de poisson, filera vers les profondeurs et rejoindra son étable où on l'entendra râler et gémir.

Prodigieux dauphin riant, le nain saute vers les fruits qui pendent aux arbres. Voilà pourquoi sa bouche a une odeur de figue et de grenade aigrelette. Voilà pourquoi les poires disparaissent du poirier sans que l'on en trouve trace dans l'herbe. Voilà pourquoi l'air est étincelant et doré ce vingt-trois ou vingt-quatre octobre, un mois avant ses deux ans. Voilà pourquoi l'herbe pousse. Voilà pourquoi j'ai mal au dos.

Aucun spectacle ne vaut l'apparition d'une péniche surgissant de dessous un pont juste sous les pieds, comme si elle débouchait des grandes profondeurs, encore toute mouillée, luisante, massive, pleine à craquer d'un charbon noir brillant dont on pourrait facilement compter les morceaux. Si ce n'est la disparition d'une énorme barge pleine de sable plongeant sous le pont vers le gouffre.

Le géant s'arrache les cheveux parce que le nain rechigne aux travaux de jardinage. Il bouche la pomme des arrosoirs avec de la terre et des débris d'écorce. Il vide l'eau de pluie et la regarde regagner les souterrains par une multitude de chemins. Il ne persévère dans aucune tâche et butine par-ci, par-là, car, après tout, le jardin est si grand et il y a tant à faire que rien ne sera achevé avant la nuit ni jamais, même pas le millième de ce qui a été ébauché. Alors il entreprend courageusement de remplir une ancienne vasque de menus fragments de bois qu'il glane un peu partout et casse proprement. Voilà un travail dont on peut voir la fin. Et, une fois la vasque pleine, on pourra envisager de la vider lentement mais sûrement et d'en disperser le contenu.

Sur le cuir chevelu de Marin, parmi ses cheveux, des plaies suppurent. Il les touche et les gratte. Qu'est-ce que c'est ? Nouvelles oreilles en train de pousser ? Jeunes bouches s'ouvrant à la lumière ? Nouvelles dents ou cornes comme on en voit chez les bouquetins pour de nouveaux affrontements tête contre tête avec le bélier géant ? Quelque chose vient de s'ajouter à sa panoplie, de l'évolution de quoi seuls ses doigts peuvent rendre compte. Quelque chose se détache lorsqu'il gratte. Ça ne résiste pas aux ongles. Ça disparaît, puis ça réapparaît pendant le sommeil de la nuit. Est-ce que le sable lui a donné ses coquillages ? Est-ce que la mer lui a légué son écume qui durcit faute d'eau pour l'agiter ? Chaque matin il s'attend à trouver dans ses cheveux des œufs de tortue, les œufs de la fameuse tortue des planches ou de l'huîtrier aux pieds orangés ou des taupinières. Et chaque soir il se prépare à l'imprévisible progéniture.

Marin pose et détruit les barrières à la vitesse d'un cheval poursuivi par une nuée de frelons. Du cheval furieux on ne voit jamais que les sabots. Les barrières à claire-voie sont les meilleures. Les obstacles les plus intéressants sont ceux qu'il peut franchir par le haut et par le bas, les chaises renversées ou debout, les caisses, les tables basses encombrées de verres à pied. De l'enclos dans lequel il s'est enfermé, il lui suffit de déplacer deux clôtures pour former un enclos d'un autre type. Ainsi, dans la fuite, il déplace son corral.

Échappant à la vigilance de son père, Marin a enfin plongé, une baguette à la main, afin d'éprouver la clarté de l'eau et la consistance de la rivière qui coule par fils, tresses et nappes. Dès le premier contact, il sut qu'elle est dure et épaisse et qu'elle a, comme il l'imaginait, la consistance d'un drap transparent torsadé et inextricable et qu'elle bouge non seulement à la surface mais aussi en profondeur et se déplace toujours dans le même sens. Ses cheveux les premiers partirent avec le courant et voulurent se détacher de sa tête, car les cheveux ont leur vie propre qui dure un peu plus longtemps que la nôtre. Pour le cueillir au fil de l'eau, son père dut pénétrer lourdement dans le lit du ruisseau dont il remua l'épais limon. De ce bain, le nain ne conserva aucune trace, car l'eau comme l'air ne laisse aucune trace perceptible sur le corps de ceux qui y plongent. Mais le géant en sortit boueux puisqu'il avait mis le pied dans la fange sur laquelle l'eau ne fait que passer.

Assis dans le cabinet, le nain ordonne au géant, maintenant fermez la porte et partez, que j'occupe ce lieu à ma guise, solitaire et tranquille. Après, prends-moi dans tes bras, emporte-moi dans le jardin puis dans la rue où roulent les grandes voitures que personne ne pousse ni ne tire et qu'un aimant puissant attire vers le même point où il les fait tourner pendant des heures autour du même pivot. On peut appeler les rares voitures isolées les mouches égarées de la foire.

Le loup Marin dort avec les autres loups dans la forêt profonde où la chaleur et le grincement des branches l'endorment. Ours, il cherche du miel et pêche des saumons. Koala, il habite les hauts eucalyptus agités par le vent. Nain, il vit parmi les géants où il est nourri, lavé, porté et où il dort tout seul dans son lit.

Brusquement, le géant se sent observé. Dans l'impassible visage du nain, les yeux sont largement ouverts et déploient un regard de pure insistance, comme s'il se posait sur le ciel, un lac, la mer. Afin de conjurer le sort, il suffirait au géant de faire une plaisante grimace.

Marin abandonne ses défroques pour aller se coucher et son gilet de funambule traîne sur le plancher avec son bonnet de dompteur, ses ongles d'ours et son biberon de téteur, écorces de ballerine et poire pour la soif.

Marin est une chenille au dos comme du velours. Comme elle se déplace difficilement, elle accepte volontiers de se faire transporter par une tortue, un cheval, un chameau ou un géant dans le col duquel elle cache sa tête portant des antennes innombrables. Elle passe chaque nuit dans son cocon et, le matin, ses parents la déguisent en papillon afin de lui apprendre les gestes de sa vie future et de la mettre au parfum.

Le nain raconte souvent et mime l'histoire suivante. Une vieille femme au bord de l'eau met ses bottes en caoutchouc, descend dans la rivière pour rendre visite au poisson en compagnie duquel elle boit du vin. Elle salue le poisson, prend congé et remonte sur la berge, enlève ses bottes, les remet aussitôt et redescend dans le lit de la rivière où elle retrouve le poisson avec lequel elle reboit du vin. Repart, revient, salue et resalue jusqu'au moment où elle ne peut plus remonter la berge qui est trop abrupte, car la vieille femme est vraiment très vieille. Elle glisse et tombe morte. Alors le poisson doit l'enterrer. Il la porte comme il peut, la couche sur l'herbe et l'enterre. Mais la vieille femme morte émet le désir de reposer dans son jardin, sous le pommier. Alors, exhumation et retour à la maison, où la vieille femme a oublié qu'elle était morte et toutes les circonstances concomitantes.

Le lion Marin secoue sa crinière dont la poussière monte devant le soleil. Chaque événement du jour lui prouve qu'il est bien le lion de la ménagerie. Les oiseaux s'envolent à son approche, les chats le craignent qui pourtant n'ont peur de rien et les chiens les plus calmes grognent sur son passage. Et personne ne l'en dissuade.

Marin tient boutique. Il est l'épicier du coin. Non seulement il fournit des marchandises variées, pommes, sardines, conserves de toutes sortes, lait et beurre, mais aussi l'argent pour l'acheter. D'une certaine façon : le beurre et l'argent du beurre.

L'indispensable plastron pour plastronner à table l'accompagne en tous lieux. C'est qu'il est bon de prévoir et utile d'être prêt si un festin d'aventure se présentait. Il est toujours recommandé d'observer les mâchoires des géants. Lorsqu'elles sont en mouvement, il est bon de vérifier l'haleine en se fiant à l'odorat. C'est l'un des privilèges des nains que d'obtenir des géants qu'ils ouvrent la bouche afin de se rendre compte de ce qu'elle contient ou a pu contenir. Qui ignore encore que c'est d'une fève de cabosse que sortit le premier nain ? Il est évident que, si le chocolat n'avait pas existé, Marin l'aurait confectionné. Manger du chocolat préserve de la grande tristesse, des matins difficiles, des cauchemars, de l'aphasie et de la peur de l'obscurité. Son amertume rend joyeux et courageux et sa douceur calme la colère.

Marin parcourt la maison dont il dresse l'inventaire. Mais ce n'est pas lui qui parle. Porte, dit quelqu'un dans sa bouche. Armoire, dit quelqu'un dans sa bouche. Poubelle, dit le même personnage dont la voix sort par la bouche de Marin. Chaise, dit le petit bonhomme assis sur sa langue. Et chaque fois il fait mine d'être surpris par les sons qui éclosent dans sa bouche. C'est qu'il a appris à se méfier de sa propre voix qui lui appartient aussi peu que son propre souffle.

Il n'aime pas son père. Il n'aime pas sa mère. Il n'aime pas sa sœur, ni ses oncles, ni ses grands-parents. Il en voudrait d'autres. S'il le demande, c'est que cela doit être possible. Il aura le temps de les trouver. Rien n'est mal fait. Rien n'est dit.

Aussi prestement qu'il était devenu le chat Noé, le méchant, l'ours, la vieille femme qui marche dans la rue, qui à chaque pas manque de tomber et qui, malgré tout, persévère, le nain, l'ambulancier, le policier, le mécanicien, le funambule, le marchand de glace, la petite sœur qui ne peut ni marcher ni parler, il redevient Marin, réclame son chocolat qu'il n'avait à aucun moment des péripéties perdu de vue ne fût-ce qu'une seconde et prend à pleines mains son biberon qu'il tète comme un cigare au coin de la bouche. Tout en buvant, il claudique un peu, se gratte l'oreille. Mais, s'il lui arrive de se coucher sous la forme de sa petite sœur, d'un marchand de charbon, il s'endort toujours, prudemment, dans sa forme familière et se réveille Marin dont il tient à conserver le nom, les principales caractéristiques et tous les privilèges. Dont il est le nom, la forme et le mouvement.

Fermez la porte et ouste ! ordonne le nain assis sur son pot dans le cabinet au géant qui en prend toute la place.

CET OUVRAGE A ÉTÉ ACHEVÉ D'IMPRIMER LE DIX JUIN DEUX MILLE DIX DANS LES ATELIERS DE NORMANDIE ROTO IMPRESSION S.A.S. À LONRAI (61250) (FRANCE)
N° D'ÉDITEUR : 4860
N° D'IMPRIMEUR : 100409

Dépôt légal : octobre 2010